Ninguém
É Dono do Mundo

Um manual simples de como voltar
a usar seu bom senso.

Autor Mr. Nobody

me conhcça melhor e perceberá: eu sou você

Ninguém quer dar o primeiro passo!

Deseja ser informado sobre as novidades, eventos
nas redes sociais ou quando será publicado o
próximo livreto?

O título do meu próximo livreto é
promissor: "Ninguém é Soberano", com
o subtítulo: "Como Iniciar um Projeto"
Informe-se em nosso site:
www.ninguemedivino.com

ÍNDICE

Legendas das ilustraçõe

#viroumeumundo

#vocesabia

#ideiasdeninguem

#meudeus

INTRODUÇÃO

Prezada Bela Alma,

Primeiro quero esclarecer uma coisa, pois não tenho
todas as respostas. Quando uso a palavra "verdade"
neste livreto, me refiro ao que não é mentira, mas
fica mais fácil ler a palavra "verdade", espero que
me perdoe por isso. Agora vamos direto ao ponto. Às
vezes, quando olho à minha volta, me pergunto: *Em
que tipo de mundo realmente vivemos? Esta é realmente a
nossa escolha ou é nosso destino? E, se é nosso destino, por
quem ele é determinado e por quê?* Você obterá respostas
ou ideias sobre todas as suas perguntas depois de ler
o meu livreto.

Página de Definições: Gostaria de salientar que
algumas das terminologias utilizadas aqui serão novas
para você, por isso escrevi uma página de definições
no final do livreto para você consultar quando tiver
dúvidas sobre algum termo.

Antes de contar a minha história, caro leitor, quero
te agradecer por ter tido coragem o suficiente para
ler este livreto. Ele vai questionar suas crenças e,
assim, o fará se ver de forma diferente. Bem, você
vai enxergar a melhor versão de si mesmo, o que é a
minha intenção. Este livreto destina-se, portanto, a
sensibilizá-lo como ser humano e, assim, a ajudá-lo
a compreender melhor o que acontece à sua volta,
como você pode acompanhar os acontecimentos
ao seu redor ou, melhor ainda, desfrutar deles.
Naturalmente, seria ótimo se este livreto fosse
utilizado como base para conversas reais com pessoas
queridas, amigos ou familiares sobre estes temas
sensíveis, porém importantes.

A maioria das pessoas em nossa sociedade não
tem ideia do que está realmente acontecendo nos
bastidores e em que estão realmente trabalhando,
muito menos se, e como, poderão sair desta situação.
Acredito ter sido uma ótima ideia escrever este livreto
para todos: pessoas inconscientes e conscientes,
membros de sociedades secretas e aqueles que não
têm ideia de que isso existe. As informações que
revelarei aqui darão a todos uma oportunidade de
viver nesta sociedade com igualdade.

Como? Vou revelar segredos ocultos, isso mesmo,
literalmente segredos ocultos e partilhar informações
geralmente desconhecidas. Este é um bom começo
para tirar os poderes invisíveis daquilo que nos
controla e, pode-se dizer, trazer um pouco de luz a
esta escuridão.

Neste livreto, uso algumas palavras fortes como
satanismo, magia negra e ocultismo. Não quero te
assustar, mas sim te conscientizar de que estas coisas
existem e explicar melhor o mundo em que vivemos.
Então não fique chocado, mas permita-se ler com a
mente aberta. Leia sob a ótica de uma pessoa que está
aqui para experimentar seu livre-arbítrio e aprender
com os outros.

Explicarei tudo isso da forma mais clara possível, em
capítulos curtos, sem mentiras, complementados
com fatos úteis e citações que agregarão.

O personagem principal deste livreto se chama
"Ninguém".

Ninguém é alguém que te lembra de coisas simples
que você pode ter esquecido ou lhe dá uma

perspectiva diferente de algo que você já sabe.
Ninguém compartilha fatos importantes e utiliza-os
para estabelecer conexões esquecidas há muito tempo
e, portanto, invisíveis para mim e para você.
Se essas palavras são novas e o inspiram, este pode ser
o início de sua jornada para desvendar o verdadeiro
segredo sobre sua própria existência. Quando você
começar a entender a dinâmica, você retomará o
controle da sua existência. Se o percurso parecer um
pouco turbulento ao longo do caminho, continue
lendo e lembre-se...

No final, é tudo uma bela história de amor...

SER ALGUÉM

Os papéis que desempenhamos

O jogo da vida. Todos querem ser importantes.
Você quer ser importante para os outros, ou talvez
para o mundo inteiro. A intenção é boa, mas para
ser importante para os outros, *você tem que ser
alguém.* Esse "alguém" geralmente não é quem você
realmente é, mas um papel que você desempenha
para te levar a algum lugar ou realizar alguma coisa.
Um papel que você viu nos outros e que também
aprendeu. Se você cumprir bem seu papel, este seu
personagem será
importante para os outros.

Desempenhamos muitos papéis sem sequer
percebermos. O que a maioria não imagina é que você
pode desempenhar papéis que beneficiam sua vida
financeira, mas também pode desempenhar papéis
que enriquecem sua vida social.
No último caso, os papéis não têm nada a ver com
dinheiro ou trabalho, mas têm tudo a ver com
amizade ou família ou mesmo com paixão e amor. Se
você desempenha muitos papéis, às vezes pode ser
difícil fazer tudo certo. Por exemplo, um malabarista
tentando manter muitas bolas no ar; é engraçado se
ele parece perder o controle, mas se as bolas caem, o
show termina.

Agora imagine que você está desempenhando todos
os seus papéis perfeitamente. Seu show continua
e você se torna muito bem sucedido e tudo em sua
carreira empresarial dá certo. Então, em algum
momento da sua vida, você está lá com todo o seu
dinheiro e posses, provavelmente em um lugar ao
sol, desfrutando de uma boa bebida. Então, se você
for corajoso o suficiente e ainda ousar olhar para fora
da sua zona de conforto, você lembrará que a sua
riqueza não traz o verdadeiro prazer ou felicidade,

porque você vê que as pessoas no mundo estão
morrendo de fome, e vê com mais clareza que nosso
planeta está em suas piores condições; nada bom
para as crianças. Isso é resultado da sua riqueza e é o
que você pode chamar de "o outro lado do sucesso".
Tudo ao seu redor é sobre dinheiro e é comprado,
não conquistado, incluindo amigos falsos, namoradas
falsas e assim por diante. Eles trazem tudo para você,
mas não te dão nada. Em outras palavras, o dinheiro
não te enriquece, são as verdadeiras experiências
que te enriquecem como ser humano. Em uma vida
bem sucedida em que muitos querem algo de você ou
contigo, por causa da sua riqueza ou por quem você é,
fica difícil encontrar uma experiência autêntica.

Nosso personagem principal, Ninguém, é "alguém"
que percebe que o tempo é o seu melhor amigo e
também que o tempo é o nosso dom mais precioso
nesta vida. E por causa desta constatação, Ninguém
deixa de perder tempo com coisas que não fazem
mais sentido. Ao aprender a sentir o que faz bem, a
aceitar a situação como ela é e depois agir com amor
por si mesmo e viver sua vida.

De uma certa perspectiva, eu poderia afirmar que
tudo é energia. Todo objeto, visto ou não, é energia,
energia que expressa suas formas diferentes à nossa
perspectiva. Usando um microscópio, vou provar esta
afirmação. Então, para criarmos um marco referencial
para relacionarmos o que vou dizer, estou falando
sobre nossa existência divina como seres humanos,
vivendo juntos aqui na terra como humanidade, com
todo o caos criado de forma intencional, do qual
fazemos parte como vítimas ou plateia, no lugar do
nosso mundo "real", de onde somos.

Como seres humanos, todos nós temos cérebro
e, portanto, o poder de criar. O efeito placebo nos
mostra como o nosso cérebro é poderoso. Nosso
cérebro é dividido em duas partes. Simplificando,
uma parte criativa de onde vêm as ideias e uma parte
lógica que pode explicá-las ou colocá-las em prática.
Estas ideias, por vezes abstratas, chamamos de
conceitos.

Pode-se dizer que "humano" é também apenas uma
ideia, ou um conceito. Para nos aprofundarmos no
significado desta frase, eu precisaria escrever um
outro livreto. Seria muita coisa para agora.

Vamos voltar às ideias abstratas a que chamamos
conceitos. Nós, como seres humanos, podemos usar
esses conceitos para explicar alguma coisa. Mas o
que explicamos não é "realmente" verdade, uma vez
que um conceito é apenas uma ideia. É por isso que a
mesma verdade possui visões diferentes.

Para te dar um exemplo, existe um conceito que
explica que nossa alma escolheu esta experiência aqui
na Terra e que nós, as pessoas que vivem com uma
alma no corpo, estamos aqui por uma razão. Se você
olhar

para esta verdade desse jeito, ela dará respostas às perguntas que as pessoas fazem quando pensam um pouco mais sobre si mesmas ou sobre a vida. Afinal de contas, todos nós estamos procurando pela verdade, ou pelo menos a "nossa" verdade.

Também fomos ensinados a acreditar ou mesmo adorar algo ou alguém maior ou superior a nós. Além de vermos nossos pais como líderes, também podemos admirar um professor, um empresário de sucesso, uma estrela pop, um ótimo terapeuta, treinador ou mesmo um líder espiritual. É tudo uma distração. Ao acreditar neles, você abre mão do seu poder e para de se questionar sobre quem você é e o que veio aprender na Terra. Você terá todos os tipos de experiências durante sua vida e poderá vê-las como lições. Suas crenças, o que você acredita atualmente, serão questionadas por situações da vida e isso testará sua visão de mundo.

Se você consegue enxergar sua vida como eu descrevi, consciente ou inconscientemente, você está no caminho da busca pela verdade. Esse processo chama-se conscientização. A maioria das pessoas são inconscientes e passam pela vida em sociedade sem fazer perguntas. Você se conscientiza de que coisas materiais ou influências externas não proporcionam felicidade verdadeira.
Tudo está incluso.

O uso de perguntas de autorreflexão pode ajudá-lo no processo de compreender melhor o que o afasta da felicidade, e, assim, torná-lo cada vez mais consciente de quem você realmente é, quais são suas paixões ou mesmo qual é o seu propósito nesta vida. Profundo. Agora, pausa para respirar e assimilar... muito bem. Vamos voltar à história de Ninguém.

CAPÍTULO DOIS

DE ALGUÉM PARA NINGUÉM

De onde venho?

Deixe-me te dizer como alguém se tornou um 'Ninguém' e o que Ninguém teve que fazer para perder-se; ou seja, experimentar tudo por um tempo, como um ninguém, para viver fora da caixa (sociedade), sem acordos, compromissos ou obrigações. Ninguém vivia apenas o momento, experimentando o livre-arbítrio ou, como alguns dizem, a livre escolha. Não existe uma obrigação nesse estado de ser, apenas uma permissão.

Nascidos na Inocência, o que sabíamos?

Para a maioria de nós, logo após o nascimento, a partir do momento em que abrimos os olhos, vemos a luz do dia. Somos todos pequenos seres iguais e perfeitos, constituídos de amor incondicional. Um grande milagre! E então começa a nossa jornada, acreditamos que somos visitantes aqui, esquecemos que somos os milagres e fazemos parte desta existência.

Por que nascemos aqui?

Nascemos aqui para cuidar dessa terra e dos seus habitantes, junto com nossos semelhantes. Para cada um de nós, haveria terra e abrigo, comida suficiente, água potável, educação e informação gratuitas. Visto a partir desta perspectiva, este planeta é um lindo lugar onde podemos aprender uns com os outros trabalhando juntos, construindo relações baseadas na amizade e até mesmo experimentando o amor. Tudo baseado no livre-arbítrio. Do ponto de vista espiritual, esta vida destina-se também a resolver problemas, resolver brigas e, finalmente, perdoar a nós mesmos e aos outros. Se a vida tem que ser assim, então onde é que deu errado? Porque a maioria das pessoas precisa pagar por tudo e por todos?

Se eu analisar meu passado, eu diria que meu processo foi assim para mim:

#viroumeumundo

Nascimento

Você nasceu! Bem-vindo a esta existência, este é o seu mundo.

Como você nasceu, o relacionamento com seus pais e entre eles, a cultura e a situação em que cresceu é diferente para você e para as outras pessoas. Nossos pais, que não têm ideia de como criar um filho e geralmente não receberam um bom exemplo de seus pais, tentam fazer o melhor que podem. Eles seguem as regras que foram impostas, por exemplo, o ensino obrigatório. Este sistema funciona bem, *desde que você participe.*Imerso no sistema educacional, você não descobrirá o que realmente está acontecendo. É assim que todos começam: inocentes, ignorantes e, muitas vezes, crédulos.

Juventude, nossa educação.

As crianças que frequentam a escola passam 8 horas por dia lá, fazem amigos, escolhem passatempos ou esportes e, quando cumprem as suas tarefas importantes, têm tempo para brincar ao ar livre, o que normalmente é de 30 minutos em um dia de 8 horas. As crianças são treinadas para ver tudo como uma competição, seja ao aperfeiçoar uma performance musical ou ser escolhido para o melhor time em determinado esporte. É assim que a sociedade lentamente treina, forma e força os seres humanos a se encaixarem em uma sociedade regimentada, seguindo leis, hierarquia de classes, buscando permissão da autoridade, trabalhando principalmente com muito pouco tempo de brincadeira e exploração da natureza.

Na verdade, os seres humanos estão preparados para algo que está cada vez mais no mundo externo e nos forçará a fazer escolhas morais que não são humanas. Condicionados e preparados para a "vida real" que está sempre pronta e à nossa espera, a mão-de-obra. A falsa concorrência desta "vida real" é a carga humana e a luta pelo dinheiro e pelo poder em que a nossa sociedade nos obriga a viver. Presos na roda de hamster de baixos salários, inflação e impostos elevados, e recebendo uma dívida sem fim que pagamos com juros elevados.
É um ciclo infinito. Por causa da desigualdade e desequilíbrio da elite global que dirige nossa sociedade e as sociedades de classe baixa, muitas vezes achamos difícil sobreviver financeira e emocionalmente. O governo ensina que somos a causa de tudo isto, mas essa é uma das suas maiores mentiras. A verdade é que continuamos a participar desse sistema todos os dias, forçando a competição a continuar. Seja como for, o sistema desta sociedade sempre nos leva a dar mais um passo para longe da nossa verdadeira natureza, de viver uma vida plena e saudável e de sermos a melhor versão de nós mesmos.

Como você pode ver, esta história já não se encaixa em nosso conceito original sobre a razão pela qual estamos todos aqui.

Desde cedo, o que nos é ensinado na escola é determinado pelas autoridades que administram os interesses financeiros nos bastidores. Somos forçados a ir à escola sem saber que todos os nossos livros são cuidadosamente concebidos para nos preparar para o sistema da sociedade da qual fazemos parte.

Esta sociedade baseia-se inteiramente em acordos que reforçam a noção de que tempo é dinheiro, quando na verdade nossa energia mais valiosa é o tempo. Isto significa que estamos presos por contratos forçados, em troca do nosso tempo eles consomem nossa preciosa energia. Com toda a nossa energia consumida, temos pouca energia e tempo para nos questionarmos, imaginarmos e usarmos a nossa criatividade para criar uma vida melhor e mais verdadeira para a sociedade; nós simplesmente ficamos presos no sistema como eles pretendiam.

Quando trabalhamos, gastamos nosso dinheiro em
coisas que precisamos, criadas por grandes empresas;
a inflação aumenta anualmente, sem aumentar
os nossos salários, o que nos mantêm nas classes
inferiores e médias da população. Essas grandes
empresas são apoiadas por globalistas do mundo
inteiro.

Também somos obrigados a pagar uma parte
substancial dos nossos rendimentos em impostos ao
governo, que tira mais dinheiro de nós. Não ficamos
realmente presos, mas sim tão limitados que não
podemos mais escolher o que queremos ou podemos
fazer com o nosso tempo, porque precisamos
ganhar dinheiro para pagar os contratos. E vamos
nos envolvendo mais nessa sociedade. A maioria de
nós não tem tempo para descobrir o que realmente
quer perseguir na vida ou para imaginar uma vida
diferente.

Imagine passar o dia explorando, aprendendo,
criando e se divertindo com tempo de sobra,
encontrando uma maneira de viver a vida dos seus
sonhos e fazer disso uma carreira. Quando entramos
na roda de hamster do ciclo de trabalho das 9h às
17h, ficamos inconscientes, constantemente com
medo de perder tudo: nosso teto, cama e comida.
Isso mexe com nossas emoções de vergonha e culpa,
talvez até mais do que com o medo de perder tudo.
Mas neste mundo onde o dinheiro manda, o medo
existe para todos os que possuem alguma coisa. Esse
medo também mantém a sociedade na tensão entre
dinheiro e poder. Combinado com a programação
condicionada desde a tenra idade, a maioria das
pessoas está muitas vezes inconsciente. Inconsciente
ou simplesmente não têm ideia de nada e obedecem

e seguem a autoridade: professores, policiais, presidentes e o governo.

O governo está o tempo todo nos bastidores, colocando essa roda em movimento, fazendo parecer que eles se preocupam com a sociedade quando, na verdade, somos todos escravos deles: para trabalhar, comprar seus produtos, pagar seus impostos, tornando-os mais poderosos e ricos. Todos somos vítimas da coerção e da corrupção do governo, até que um dia nos tornamos conscientes, despertos e tentamos nos separar dessa sociedade ou, na melhor das hipóteses, encontrar soluções para melhorá-la.

Mas não importa como, todos eventualmente encontram uma maneira de prover suas necessidades de vida e manutenção ou mesmo de "ganhar" dinheiro. Chamamos isso de trabalho, nosso jeito de gastar tempo para ganhar o dinheiro que paga as contas.

Em troca do seu trabalho e do seu tempo, você recebe dinheiro que, em seguida, você tem que entregar ao governo em forma de produtos, habitação, gás, seguros, bebidas alcoólicas, médicos, impostos, etc., e você só servirá a este sistema se continuar a fazê-lo. Isso tudo à custa do tempo que foi por natureza dado por Deus a você, mas você o entrega em troca de... bem, em troca do que mesmo?

É aqui que você pode começar a juntar as peças e perceber que foi condicionado a ir à escola, obedecer à autoridade, ir à faculdade, conseguir um emprego, consumir e pagar impostos. Tudo isto é um controle mental criado pelo governo para condicionar toda a sociedade a permanecer na matrix.

Todos nós aprendemos de uma forma na escola e
fomos recompensados e classificados pelas respostas
certas, não por pensar fora da caixa. Para manter
o controle mental do governo, os jornais e a mídia
impressa, as mídias sociais, a televisão e o cinema
também alimentam esse sistema de controle com
a programação do nosso subconsciente através
de mensagens subliminares diretas ou indiretas.
Os apresentadores de telejornais e os editores de
jornais manipularam e forneceram roteiros sobre o
que devem informar ao público, tudo baseado em
mentiras e com o objetivo de incutir medo em nós
para nos manter no ciclo e em baixa vibração.

Para explicar um pouco mais para os leigos, o jornal
dá às pessoas espaço para expressar a sua opinião
sobre os assuntos discorridos no próprio jornal. Os
artigos escolhidos pelo jornal são sobre o que se
passa no mundo. Através da estrutura de poder, os
patrões ou os proprietários dão aos escritores do
jornal a direção certa sobre o que, de acordo com
a sua intenção, está acontecendo no mundo. Além
disso, dão a direção sobre o que e como serão escritos
os artigos, porque os jornalistas e repórteres que
enviam suas histórias são pagos pelo jornal, então
o jornal escolhe quais histórias leremos. O que a
maioria das pessoas consegue discernir e acredita
que está acontecendo no mundo é fora de proporção,
colocado no que eles querem
que a gente leia, saiba, ouça, veja, pense e sinta e,
em seguida, nos apresenta através, por exemplo, do
jornal. A informação que eles nos fornecem destina-
se a manter-nos em baixa vibração, com medo e
escravizados na matrix.

Como a irmã mais velha do jornal, temos a televisão.
Este dispositivo literalmente transmite programas
no canal de sua escolha. O espectador não percebe
que o programa que está sendo assistido também
tem outra função. Ou seja, a televisão programa o
espectador e direciona o enredo predeterminado
sobre o que está acontecendo no mundo diretamente
para seu subconsciente. Isto lentamente irá
formar sua opinião. Hoje em dia, a internet com os
computadores e nossos celulares trouxeram-nos
mais liberdade de informação, mas, mesmo assim,
estão continuamente nos censurando. Também
fazem o mesmo com a televisão quando se trata de
programação inconsciente. Muito do que divido aqui
são informações que são retidas, não sendo, portanto,
gratuitas e de fácil acesso, caso contrário, todos já
teríamos conhecido o sistema e já não o aceitaríamos.
Desde a tenra idade somos, de forma inconsciente e
sem sermos consultados, programados por tudo o que
chega a nós pela mídia, celulares e computadores. A
maioria das informações não contribui para o nosso
bem-estar. Os especialistas concordam com isso.

#viroumeumundo

Puberdade, experimentando de tudo

Neste período, você conhecerá várias coisas que surgirão em seu caminho e que determinarão sua vida futura. Você vai descobrir o que gosta e o que não gosta, o que é bom ou perigoso para você, seus fundamentos morais do bem e do mal serão testados, mas caberá a você lidar com eles.

Você também fará escolhas sobre o curso futuro de sua vida: o que estudar, quem são seus amigos, terá seu primeiro contato com álcool, drogas e sexo. No geral é um momento turbulento.

Ao crescer, você terá que desempenhar papéis mais sérios para os quais você se preparou. Nesta época, a maioria consegue um emprego ou inicia seu próprio negócio para sustentar suas vidas. Desta forma, você se encaixa na sociedade e no sistema. Ao cumprir este papel, você sempre serve ao seu chefe, porque é para isso que você foi contratado. É assim que você foi programado, e é disso que faz parte. Como empreendedor, você tem opções diferentes, mas é o mesmo conceito, há pouca liberdade, porque não há mais tempo livre, pois sua mente está ocupada com todo esse trabalho.

Mas seja qual for a carreira que escolher, ou se seu negócio está funcionando muito bem, você acabará descobrindo que os bens materiais não trazem felicidade e que o dinheiro não te torna rico de verdade. É tudo temporário, então você volta ao que estava fazendo sem de fato pensar no que está fazendo. E mais importante, para que ou para quem?

CAPÍTULO TRÊS

NINGUÉM ESTÁ NO COMANDO

O que estamos fazendo aqui?

Vamos supor que você descubra uma nova terra onde habita uma tribo em algum lugar. No primeiro contato eles tiveram medo de você e acreditaram em tudo o que você falava. Começaram a trabalhar e a construir tudo o que você pedia. Se alguém se destacava, você o trazia para sua equipe e fazia dele um líder de algum projeto, ou assustava-o ao ponto dele desaparecer.
Suponha que isso tenha durado centenas de anos. No que essa tribo se tornaria? Agora, se aplicarmos este exemplo na sociedade em que vivemos, uma sociedade onde, por causa de toda a corrupção, o bem é governado pelo mal.

Suponha que nós somos a descendência dessa tribo que foi descoberta. Então "nós" somos as pessoas que vivem aqui, fazemos o nosso melhor para viver uma vida saudável e tentamos tirar o melhor proveito dela.

Por outro lado, observando através do olhar dos governantes, o nosso mundo é apenas um grande laboratório, onde os seres humanos são apenas parte de um experimento. Os governos controlados e os projetos secretos estão nos envenenando em todos os níveis.

Se continuarmos seguindo esse experimento como escravos, o nosso comportamento terá um triste resultado para toda a humanidade e para a Mãe Terra. Isso inclui eu e você, bem como aqueles que estão no controle e seus seguidores que cumprem as ordens.

Quem são eles e qual é o seu papel? É aqui que peço que abra sua mente. "Eles" operam a partir de um mundo sombrio e são chamados Arcontes. Eles estão escondidos em outra dimensão. A partir daí, usando

nossa tecnologia, como computadores, eles testam
nossos cérebros, apenas para ver até onde podem
ir com o programa de controle mental baseado em
trauma. Eles usam este programa para impulsionar
agendas baseadas no medo através de propagandas,
para nos fazer participar de seu ritual. Esse ritual é
para manter-nos cumprindo o que nos é dito sem
pensarmos por nós mesmos, então lentamente vamos
ficando estagnados e permanecemos com nossa
vibração baixa. Quanto mais baixa a vibração que
nos mantém, mais difícil é enxergarmos a verdade
do que está acontecendo. Parece duro, mas essa é a
realidade. A saída que temos é acordar e ver o que
está acontecendo, assim poderemos começar a fazer
outras escolhas.

A desculpa: *"Não estou pronto", ou "Sou velho demais para
esta bobagem"*
é exatamente o plano dos governantes da elite.
Enquanto não acreditarmos que tudo o que estou
dizendo é verdade, a sociedade da matrix continuará
como eles querem.

O cantor, músico e compositor jamaicano Bob Marley
cantou há muito tempo na música "I Shot the Sheriff":
*"Todo dia o balde vai para o poço, um dia vão encher o balde
e o fundo vai se soltar".*
É aí que nós todos estamos. Nossos limites sempre
são testados e no devido tempo, em algum momento
não vamos mais aguentar. Quando este momento
chegar para toda a humanidade, ele criará uma
espécie de libertação que poderá se assemelhar à
loucura. A insanidade é a luz que rompe as estruturas
da crença, de modo que os programas de controle
começarão a ruir, e você verá o que está realmente
acontecendo ao seu redor.

em relação ao satanismo:
A queda dos homens; que é
o período de tempo em que
estamos agora. Satanismo, a
religião mais antiga e oculta
do mundo, abrange todos
os níveis de sociedade. De
religiões culturais supersticiosas
de magia negra a rituais de
sacrifício de crianças. Lojas
maçônicas são um disfarce
para isso religião. estou
incerto se praticantes em
vários níveis percebem o que
estão sacrificando e que estão
destruindo a si mesmos, assim
como sua energia, mantendo
um sistema que é projetado
para destruir a humanidade.
Olhe para os iniciadores e
descubra que a nova era e a
maçonaria são apenas nomes
falsos para o satanismo.

#viroumeumundo

CAPÍTULO QUATRO

Ninguém Explica as Mentiras Deles

Como somos manipulados?

Algumas pessoas usam a expressão "tudo é uma mentira". Concordo, se olharmos somente para o nosso governo, que nunca assume a sua responsabilidade, para o nosso sistema de justiça corrupto, para todas as notícias negativas e para a violência na narrativa das grandes mídias. Em suma, eles nos dão um grão de verdade misturado com mentiras. Então, vamos dar uma olhada no que isso realmente significa e como isso afeta nossas vidas e, portanto, a sua. Então, para partirmos do princípio: o que é uma mentira?

A mentira é uma afirmação que se acredita ser falsa e é comumente usada para enganar alguém. Esta é a definição na perspectiva de quem espalha a mentira. Pela perspectiva de quem ouve a mentira, você acredita que o que é dito é verdadeiro e, por isso, é enganado.
A estrutura de uma mentira pode ser dividida em dois tipos distintos:
Uma mentira pode ser uma descrição falsa, uma história totalmente inventada.

Ou uma mentira pode ser uma falsa negação. Isso é negar que determinada coisa aconteceu ou foi dita.

Causa: por que as pessoas mentem?

A razão mais comum pela qual as pessoas usam uma mentira é a necessidade urgente de esconder a verdade. Isso cria uma divisão entre as pessoas que acreditam e as que não acreditam na mentira, com todas as suas consequências. E é exatamente para isso que serve a mentira, para causar confusão.

Efeito: o que acontece se mentem para nós?

Mentir nos faz duvidar de nossa autoestima e cria
em nós um sentimento de culpa e mal-estar. Nós
questionamos a mentira assim: "Por que eles querem
nos ferir mentindo, se eles se importassem comigo,
eles não mentiriam para mim." Como seres humanos,
acreditamos no conceito de que as pessoas são
boas, portanto, se o governo está em vigor por nossa
causa, ele deve estar fazendo o que é bom para as
pessoas, quando na verdade é o contrário. A maioria
das pessoas acredita nesse conceito, portanto,
continuamos a ouvir, confiar e obedecer, o que nos
força a permanecer na matrix. Isso também pode
levar as pessoas à frustração, ansiedade, paranoia,
tristeza e até depressão. Estes talvez sejam os piores
efeitos da mentira, pois dificulta muito a nossa
autoimagem e distorce a forma como nos vemos e nos
cuidamos.

Se perdermos a fé em nós mesmos, as possibilidades
de continuarmos a usar a mentira como o nosso
mecanismo de defesa aumenta ainda mais. Mentir
também pode nos levar a subestimar ou superestimar
outras pessoas e suas habilidades.

Por que o governo não nos fala a verdade? A razão
para isto é que somos mais fáceis de controlar se
não soubermos a verdade. Em contrapartida, se
conhecêssemos a verdadeira intenção deles, nós nos
levantaríamos e deixaríamos de aceitar o que dizem.
Indo adiante, como uma mentira serve à autoridade?

Se uma pergunta sobre a verdade fica sem resposta,
ela tem o mesmo efeito que uma mentira.

Um exemplo de uma pergunta importante não

respondida, *"Quem controla a sociedade desta terra e os seus governos?"* Nenhum de nós pode responder a esta pergunta porque "eles" não querem que saibamos quem controla a nossa sociedade. Sem esta resposta fica difícil assumir a responsabilidade pela nossa própria vida, pois não podemos acreditar em nada uma vez que não sabemos em quem confiar. Analisando mais profundamente os efeitos de uma mentira:

Para lhe dar uma ideia de como a mentira pode ser forte quando é conscientemente concebida e compartilhada, aqui está um exemplo: *Estamos lentamente sendo convencidos de que as alterações climáticas estão destruindo nosso planeta e que a culpa é nossa. Como uma solução para a crise climática, o nosso governo está criando contratos em vez de resolver o problema com soluções reais.*Qual seria a verdadeira intenção deles?

Concordo que devemos cuidar do nosso planeta coletivamente, mas o que está destruindo o nosso planeta está sob o controle das mesmas elites globais que estão nos conduzindo à crise climática e depois virando a mesa dizendo que somos a causa. Não temos outra escolha senão votar a favor de um partido político para agir. Para agirmos, temos que nos posicionar com o direito de votar em um partido que nos representa para ajudar como país e sociedade a proteger o planeta, salvar a nós mesmos e deixar algo mais bonito para as gerações futuras. Logo, nosso voto não é utilizado para o nosso bem-estar. Ele só nos dá a ilusão de que, votando em um político, temos uma voz. Os políticos eleitos têm poder, mas muito pouco, porque são governados pelas elites que

ordenam a eles como agir. Qual é o poder secreto das mentiras que nos governam? *Que é tudo uma ilusão e toda a história é uma mentira.*
Porque não há democracia em vista das mentiras e erros públicos.
Por exemplo, os políticos permanecem muitas vezes sem sofrer as consequências por seus atos, enquanto as nossas escolhas têm consequências e somos responsabilizados. Os planos do nosso governo já estão em vigor, as empresas estão há muito tempo prontas, e continuam a cumprir seu plano. Isso é fácil de pesquisar sozinho, como evidência do que estou falando. Qual é o nosso papel?
Enquanto isso, estamos tão presos à mentira que a defendemos porque é a única coisa que fomos ensinados a acreditar. Ficamos ocupados divulgando nossa opinião como a verdade contra os nossos amigos, conhecidos ou alguém na internet e, se necessário, até a defendemos. Dessa forma, inconscientemente
contribuímos para manter toda esta história que não é a verdade.

Uma consequência mais grave de optar por acreditar numa mentira (para sua conveniência) é que você se abre para a escuridão deste mundo e chama a cegueira do mal para tomar conta de sua vida; ao ponto em que você não consegue mais enxergar a verdade e passa a acompanhar a multidão.

Quando isso vai parar? Enquanto você acreditar na mentira, ela afetará sua vida. Energeticamente, você também doa seu poder, porque a sua energia está em baixa vibração e, com isso, você se torna energeticamente uma presa para as entidades das sombras que nos controlam. Elas podem entrar no seu sistema através da sua mente se você estiver aberto às suas mentiras. Simplificando, isso é feito através de um campo energético chamado Wetiko que, entre outras coisas, manipula nossas emoções através de outras pessoas e, assim, toma nosso poder. Uma vez que abrimos mão do nosso poder, elas o usam contra nós, projetando-o de volta em nós com uma vibração mais baixa. Isso nos faz permanecer numa vibração baixa, e elas mantêm a si e a sua existência intactas. Em suma, vivemos num mundo ilusório e somos alimento para entidades sombrias. Mas não se preocupe, não é novidade o que estou contando, mas esta é uma notícia que você precisa saber para se proteger ou lidar melhor com isso; não para mudar o mundo, mas para tornar o seu mundo um pouco melhor. Então, vamos seguir em frente... se tudo é mentira, *que contratos temos como seres humanos?*

BOM
MAU
Isto 'e BOM!

CAPÍTULO CINCO

NINGUÉM ESTÁ LIVRE

DOS CONTRATOS

Como eles nos controlam?

Quando você deixa todas as suas posses mundanas para trás, você fica livre. Isso é chamado Moksha, fácil de dizer, difícil de fazer, porque vivemos em um mundo baseado em contratos e acordos. Pode-se dizer que um contrato é uma forma oficial de acordo. Os contratos aos quais você se comprometeu são compromissos ou obrigações para com alguém. Isso significa que uma pessoa ou empresa possui uma parte do seu tempo ou da sua energia; sua energia é o que você traz para este mundo. Não é fácil para você fazer as suas próprias escolhas com todos os contratos com os quais já se comprometeu. Mas há uma solução para tudo. Para entendermos um pouco melhor, vamos primeiro dar uma olhada no que realmente é um contrato.

Um contrato é um acordo legalmente executável que cria, define e regula os direitos e obrigações mútuos entre as partes.

Elementos-chave para um contrato válido:

1. Oferta
2. Aceite

Aceite Básico:

Seu aceite deve refletir a oferta; isso significa que:

1. Para ser válido e formar um contrato vinculativo, o aceite deve corresponder exatamente à oferta.
2. O aceite deve ser comunicado ao fornecedor.

Como o nosso governo funciona? Eles apresentam
todos os tipos de propostas que se aplicam como leis
e regulamentos, precedidos por uma história nos
meios de comunicação apoiadores. Então essas leis...
para nós, os contratos são o que temos de respeitar
sem de fato optarmos por fazê-lo. Não temos
conhecimento sobre estes contratos porque eles estão
entrelaçados às leis que os compõem, obrigando-nos
a cumpri-las.

Mensagens são postadas através das mídias sociais
para nos dar a ideia de que as leis nos mantêm
seguros, para assim acreditarmos que precisamos
delas e não nos rebelarmos contra as medidas
draconianas que aceitamos regularmente. Em
seguida, misturam tudo impondo suas ofertas de
contrato através da lei, nos obrigando a aceitar seus
mandatos governamentais, obrigando as mídias
e o marketing a apoiarem suas narrativas, e não
temos outra opção senão cumprir, ou infringir a lei e
enfrentarmos multas e até prisão.

O conceito mais importante que tentam colocar e
impor é o nosso consentimento informado. Eles
presumem que, porque não respondemos, damos a
nossa preciosa permissão. O que é consentimento ou
aceite?

O consentimento acontece quando uma pessoa
concorda voluntariamente com a proposta ou desejos
de outra pessoa.

O consentimento informado é um princípio na ética
médica e no direito médico de que um paciente
deve ter informações suficientes antes de tomar suas
próprias decisões sobre seus cuidados médicos. A

falta de informações claramente explicadas sobre os ingredientes dos medicamentos nos programas de vacinação é um bom exemplo disso.

Um exemplo da verdade invertida; em um mundo natural e orgânico, deveríamos ter um consentimento informado para tudo o que consumimos; sem letras e números pequenos, apenas rótulos claros com ingredientes orgânicos naturais. Em um mundo ideal, produtos químicos tóxicos não seriam oferecidos em nenhum mercado. Você pode ajudar a mudar isso. Pode perguntar a um agricultor local o que ele vende.

Existem também muitas lojas de produtos orgânicos onde você pode comprar produtos apenas com ingredientes orgânicos, que são mais saudáveis para o seu corpo. Os ingredientes orgânicos costumam ser um pouco mais caros, mas se você for um pouco criativo, descobrirá que pode encontrar quase todos eles na natureza ou cultivá-los em um pequeno jardim. Também é uma atividade divertida.

De qualquer forma, suponha que esta seja uma experiência importante, eles ainda precisam do nosso pleno consentimento com qualquer coisa que nos proponham antes de escolhermos contratá-los. Sem autorização, eles prejudicam a mim e a todas as outras pessoas em todos os níveis.

Prejudicar um ser humano é violação da Lei da Natureza. Para demonstrar este crime, ele começa com uma declaração de responsabilidade, *ou seja, conscientizar a outra pessoa de seu comportamento responsabilizando-a oficialmente através de uma carta.* Este é um princípio jurídico comum para indicar que você não concorda com alguma coisa. Não parece complicado, mas a realidade é diferente.

#viroumeumundo

Enquanto isso, colaboradores dos planos secretos trabalham em ambos os lados do véu, público e oculto, infiltrando-se em todos os níveis da nossa sociedade. Este é o mundo em que vivemos. Os arcontes, sobre os quais discutirei no próximo capítulo, governaram as nossas mentes durante muito tempo. Esta era chegou agora ao fim. Por quê? Porque a verdade sobre as sociedades secretas foi revelada. Como resultado disso, suas mentiras não poderão mais nos controlar em sua totalidade como humanidade. Assim, o tempo de controle total acabou e, lentamente, mas seguramente, eles terão que sair ou poderão extinguir-se. À medida que a mudança se aproxima, temos que lidar com o que eles deixaram para nós ou, depois de anos destruindo a Mãe Terra, o que restou para nós. Chegou o momento em que nós, como humanidade, permanecemos em nossa verdade interior, em nosso propósito divino e agimos. Isso vai virar o jogo, não importa de qual país você seja. Como

um grande grupo, este evento inevitável vai curar
o nosso mundo traumatizado dessa falsa realidade
e trazer a natureza de volta ao equilíbrio.Quando
acordamos e passamos a estar conscientes, vemos
claramente que lobistas e conselheiros controlam os
governos nos bastidores, fora dos olhos do público
ou, como eles chamam, nas sombras. O problema
aqui é que o governo controla nossas vidas. Para
investigarmos um pouco mais, vamos dar uma olhada
no que realmente são as "sombras" e como você pode
lidar com elas.

#vocesabia

CAPÍTULO SEIS

NINGUÉM EXPLICA O MUNDO DAS SOMBRAS

Quem são eles?

Caro leitor, neste capítulo discutirei como funciona o nosso mundo das sombras, o qual geralmente não conseguimos perceber. Este conceito pode parecer intenso e pode ir longe demais para alguns. Se este for o seu caso, você pode simplesmente pular este capítulo. No entanto, se você continuar a ler, você poderá achá-lo muito interessante.

#viroumeumundo

Vamos falar sobre os arcontes que operam e usam o campo Wetiko para controlar nossa mente e nossas emoções. O fenômeno do campo de Wetiko contraria a nossa resposta natural. Então, quando estamos abertos às nossas emoções de medo, vergonha, culpa, ódio, arrependimento e dor, nós "voluntariamente" os alimentamos. O medo é a sua energia mais comum e preferida; a energia sexual é a sua segunda favorita.

A entidade possuidora dos arcontes podem drenar a energia diretamente do plexo solar de um ser humano neste estado.

A infecção dessa entidade Arconte começa com a diminuição da sua vibração. Isto acontece através de ganchos viciantes, como drogas, álcool, pornografia e remédios, para citar alguns. Se você se associa a pessoas de mau caráter, angustiadas ou propensas à raiva ou depressão, você corre alto risco de desenvolver ligações negativas com entidades. O vício é altamente suscetível, mas não apenas ao álcool ou às drogas. Outras formas de vício podem ser, mas não estão limitadas a: masturbação, relações sexuais vazias, pornografia, abusar do seu parceiro, julgar constantemente os outros, fofocar, desejar que coisas ruins aconteçam, comer, pensamentos de violência, coisas materiais, amor ao dinheiro e ao poder, adorar celebridades, ou estrelas do esporte, jogos de azar, e até mesmo ter mídias sociais, tudo isso afeta seu bem-estar.

Quem os ajuda?

Neste mundo onde nós, "energeticamente", somos a moeda, eles usam o dinheiro para controlar o nosso tempo e controlam pessoalmente nossas mentes, como expliquei acima. É assim que eles nos controlam e é assim que criamos uma memória coletiva e assim podemos afirmar que nós mesmos a criamos. Vamos discutir a questão, *"E o nosso livre-arbítrio?"*

Aqueles que têm o poder na terra servem aos planos deles. Dizem que estes controladores sedentos de poder são Reptilianos/cinzentos. Este é o papel que devem desempenhar. Eles estão completamente possuídos e não têm mais livre-arbítrio. Eles apenas vivem para cumprir os planos dos arcontes e nos colocam em uma prisão energética para nos fazer de comida. Estamos sob a sua influência e propriedade há milhares de anos. O satanismo mantém esse segredo e serve ao Demiurgo, o mesmo líder dos Arcontes. Você pode ver o satanismo como uma fé para eles, onde o mundo deles e o mundo onde temos que viver estão unidos. O poder de escolha do livre-arbítrio é muitas vezes esquecido ou ignorado, embora ele seja exatamente o nosso poder. Se muitos disserem não, algo mudará.

O amor é a resposta
98% das pessoas têm uma entidade
e não têm ideia disso. Esta entidade
permanecerá com eles durante a vida
toda, se alimentando de sua energia. Os
arcontes pensam que estão no controle,
mas na verdade eles é que precisam de
nós. Amar a si mesmo é o que os impede
de comê-lo, porque eles só se alimentam
de vibrações mais baixas, então eles
têm que sair e buscar a energia de outra
pessoa porque a vibração do amor é
muito alta para os arcontes suportarem.

#viroumeumundo

Em suma, eles controlam a nossa criação, ou seja,
nossa vida e operam das sombras. Parece uma ilusão,
um sistema criado cobrindo nossos olhos e que
nos fez pagar por tudo. Eles também inventaram
leis e mentiras para nos fazer desempenhar papéis
e fazermos as escolhas que eles queriam que
fizéssemos. Isso não é muito complicado para eles,
pois eles entendem nosso ego melhor do que nós.
Vamos ver como podemos lidar com este inimigo
invisível da humanidade e entender como as sombras
agem e operam para que você possa reconhecê-los
em sua vida.

vocesabia

CAPÍTULO SETE

NINGUÉM MANIPULA
MANIPULADORES

Como eles agem?

Com ou sem o nosso conhecimento, ou somos os controladores ou supervisores, ou somos controlados ou supervisionados. No capítulo anterior falei das sombras e da forma como elas nos controlam. Agora vamos explicá-las em nosso mundo humano. Os intermediários que asseguram o bom desempenho das tarefas são os manipuladores. O que isso realmente significa?

Manipulador: uma pessoa ou coisa que age.

Uma rotina que controla a comunicação ou o controle de uma unidade externa.

*(literalmente)*Someone who handles something (especially manually) or someone.

*(em combinação)*Um controlador, treinador, alguém que conduz uma pessoa em particular.

Por exemplo, uma pessoa empregada por uma gravadora para aconselhar uma celebridade sobre o que dizer ou fazer, moldando sua imagem pública, é um manipulador público. A cantora, compositora, dançarina e atriz americana Britney Spears teve muitos problemas com seu manipulador.

Agora vamos dar uma olhada mais de perto em nosso próprio mundo, com as pessoas, amigos e familiares que nos cercam.
Existem relacionamentos prejudiciais em todos os níveis, desde um relacionamento familiar perturbado, a uma luta pelo poder com o seu gerente, um policial fanático na rua, ou só aquele vizinho terrível que sempre tem que dizer algo para estragar seu dia.
É frequentemente um comportamento narcisista,

baseado em traumas (da infância).
Então, quando ele acontece intencionalmente,
para benefício próprio deles por pessoas com uma
personalidade narcisista, as vítimas são submetidas a
uma tortura psicológica todas as vezes e muitas vezes
também têm de lidar com
a chamada Síndrome de Estocolmo. A Síndrome
de Estocolmo, que cria simpatia pelo agressor, dá
à vítima um sentimento de culpa que a impede de
pensar e agir com clareza. Por exemplo, o jogo de
poder está entremeado na sociedade e, portanto,
somos conduzidos e guiados por várias pessoas todos
os dias.

Se a vítima nunca sair deste papel, ela será sempre
controlada ou tratada pelo manipulador, que não é
exatamente um agressor mas também uma vítima,
como em um clássico relacionamento atração/
narcisista.

Devemos ter em mente que o narcisista tem um
transtorno de personalidade narcisista, um dos
vários tipos de transtornos de personalidade, que
é uma condição mental em que as pessoas têm um
senso exagerado de sua própria importância, uma
necessidade de atenção e admiração excessivas, têm
relacionamentos problemáticos e falta de empatia
pelos outros. O desenvolvimento de traços narcisistas
é, em muitos casos, uma consequência de negligência
ou de apreciação excessiva.

Em um nível pessoal, todos temos manipuladores que nos aconselham ou nos orientam. Nós também fazemos isso com os outros, por exemplo, quando o nosso conselho ou ponto de vista é solicitado.

Quando bem intencionado, ele é um ato de partilhar conhecimento para ajudar alguém, ou para crescer na vida. Se mal intencionado, pode ser usado para esconder consequências de erros do passado ou para contribuir a um plano secreto. Tudo isso parece distante das nossas crenças, porque isso acontece através de pensamentos orientadores ou energeticamente e temos de lidar com isso consciente ou inconscientemente diariamente. A negação não o faz desaparecer.

Conhecimento é poder.

Em uma visão geral, os arcontes são responsáveis e nos mantêm como uma sociedade inconscientemente hipnotizada, em baixa vibração, alimentando-nos com o medo. Isto nos mantém fazendo o que eles querem, expliquei isso no início do capítulo sobre as mentiras. Assim que enxergamos isso, começamos um processo de mudança individual.

Quando chegamos ao ponto em que, coletivamente, pararmos de abrir mão do nosso poder, acreditando na matrix em que vivemos é verdadeira, acabaremos com o show deles.

#viroumeumundo

CAPÍTULO OITO

NINGUÉM DIVIDE A REALIDADE

A vida tem tudo a ver com intenção

Em nosso mundo, faço uma distinção e uso as palavras: satânico e divino. Como dois lados diferentes da mesma moeda. Isso pode te ajudar a ver que todos aqui, incluindo você, têm uma escolha e, portanto, pode escolher em qual realidade deseja viver ou a qual criatura deseja dar sua energia.

Use sua Intuição

É importante que você comece a questionar tudo à sua volta, o que estão te ensinando, quais notícias estão passando na TV e nas redes sociais. Questione todas as publicações nas redes sociais, até a Times, Forbes, CDC, OMS. Se todas elas corresponderem à mesma narrativa das notícias, pode apostar que estão sendo alimentadas com esta notícia pelos poderes constituídos para mantê-lo preso às mentiras, à ilusão. Pense de forma crítica e individual. Use sua intuição para guiá-lo. Sua intuição surgirá de forma sutil ou não tão sutil. Sua intuição pode lhe dizer que (i) algo parece errado nisso; (ii) você terá um pressentimento; (iii) você sentirá em seus ossos; (iv) você terá a sensação de que algo está errado; ou (v) você terá calafrios.

Esta é sua intuição, que é o seu eu superior, te guiando e te alertando para prestar atenção, fazer perguntas, investigar mais para encontrar a verdade.

Satânico	Divino
Eu sou	Eu sou
ódio é minha essência	amor é minha essência
mentiras	verdade
controle da mente (ego)	energia do coração (além do ego)
uso a manipulação para manter o controle	estou aqui para celebrar a vida
odeio gente "inútil"	amo os relacionamentos humanos
uso símbolos de baixa vibração	uso símbolos de alta vibração
rituais para me conectar com a morte	rituais para celebrar a vida
nada é assustador	tudo é assustador
estou aqui para servir a mim	estou aqui para servir aos outros
faça o que quiser	o que é seu será feito

CAPÍTULO NOVE

NINGUÉM JOGA
CONFORME AS REGRAS

Como lidar com eles?

Tudo é energia. Comunicação é dar, receber e partilhar informação. É importante dominarmos a "arte de conversar" à medida que nos conectamos com os outros durante uma conversa. As informações transmitidas na comunicação podem ser distribuídas de três formas diferentes:

(i) 7% consiste em palavras faladas, (ii) 55% das informações vêm através da linguagem corporal, e (iii) 38% através do tom de voz.

Comunicação explicada na energia

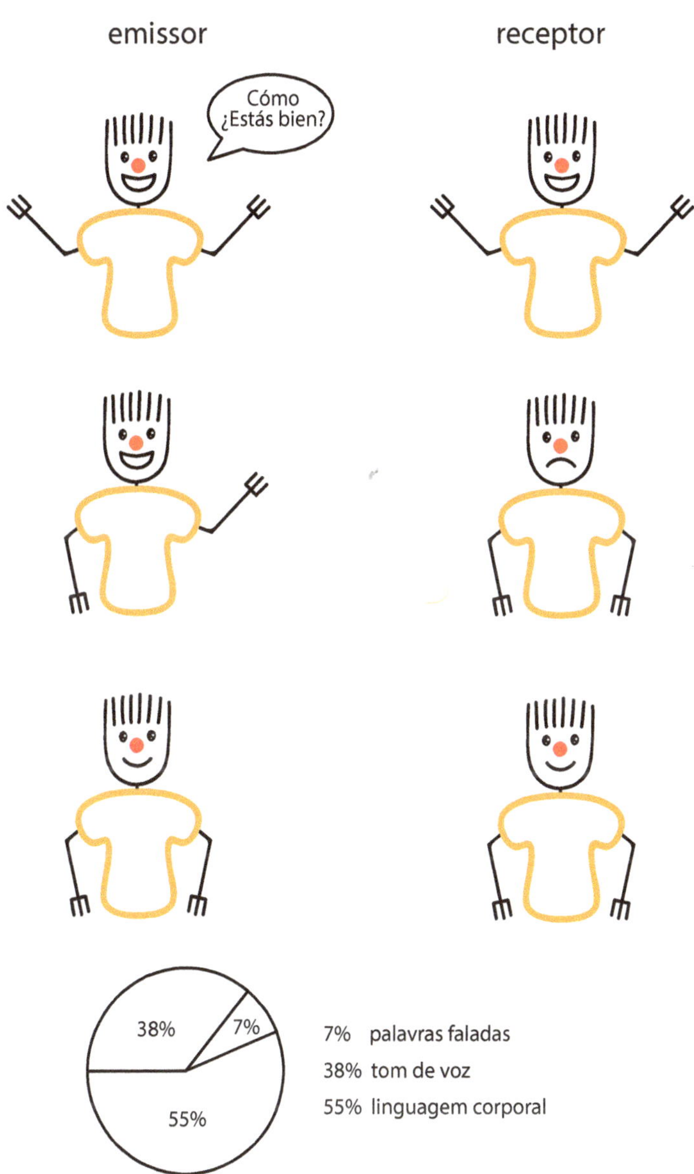

Conversa é a comunicação entre as pessoas.

Uma conversa começa com uma pergunta, seguida de uma resposta. Depois que a pergunta for respondida numa conversa de igual pra igual, a outra parte pode fazer uma pergunta; uma vez respondida, tudo começa de novo. Se alguém quebrar este ciclo e fizer mais perguntas ou responder à sua pergunta com uma pergunta, essa pessoa tem uma razão para isso. Ao aprofundar o assunto na hora ou em um momento melhor, você descobrirá se essa pessoa está mais interessada em sua energia ou realmente em você como amigo. Como um verdadeiro amigo, uma conversa deve continuar.

viroumeumundo

Portanto, é prudente aprender a lidar com isso para que você não carregue os pensamentos (negativos) dos outros após uma conversa, por exemplo.

Por outro lado, uma conversa é um instrumento perfeito para igualar a energia para todos os envolvidos. Conhecer as regras e usá-las como norma durante as conversas é um sinal de autoridade.

Ninguém gosta de jogar conforme as regras e fazer perguntas que confirmem o que o outro disse. Uma vez que a pergunta é confirmada, é criado um terreno justo ou uma conexão, e a partir daí a conversa seguirá uma determinada direção. Basta fazer uma pergunta sobre a verdade que foi declarada, apenas para ver se o que foi dito é verdade, o que muda toda a dinâmica, e então você pode dizer qual é a verdadeira intenção da outra pessoa.

#viroumeumundo

CAPÍTULO DEZ

Ninguém Fala a Verdade

Cumpra o que diz

Há muitos anos, durante um momento de loucura ou iluminação, como falam na Índia, estive lá numa festa local, mais ou menos clandestina, na Ilha de Ibiza. Olhei para aquelas pessoas que estavam lá e pensei comigo:

Aqui estamos em Ibiza, uma universidade espiritual neste mundo, com todas estas pessoas maravilhosas que conscientemente ou forçadas escolhem se afastar do sistema ou da sociedade para começar, de novo, a ser uma versão diferente ou melhor de si mesmas.

Francamente, aquilo não me impressionou. O que eu não vi lá, agora sei e vejo claramente. Essas pessoas estavam cegas pelo álcool e pelas drogas, eram almas perdidas, possuídas pelas sombras vestidas como pessoas. Eles fingiam.

A verdade sobre as pessoas que fingem, elas mentem para si mesmas. Mas por quê? Não é a verdade que nos libertará? A razão é que todos nós vivemos numa hipnose em massa através do controle da mente.

Wetiko

Para mantê-lo informado, o
campo que se alimenta dessas
baixas frequências vibracionais é
chamado de Wetiko. Você pode
dizer que isso nos incomoda
como humanos e depois usar
a reação que isso causa contra
nós. Tira nossa energia vital.
Sem saber como funciona, é
inevitável por causa da dinâmica
do Wetiko em nosso próprio
campo energético.
Visto de uma perspectiva
positiva, esta é a ferramenta que
o universo ou o divino
criador usa para testar nossos
cérebros e fundamentos morais,
apenas para descobrir quem é
forte o suficiente para escapar
dessa mente e se conectar com
a vibração do coração

fonte: Paul Levy.

O que fazer ou como lidar com
isso para começar? Tire um
tempo para você em
natureza; algumas vezes por
semana ou, se puder, vinte
minutos todos os dias o ajudarão
muito. Quando você sair para
a natureza, certifique-se de
ficar sem telefone, sentado
em silêncio e sem fazer nada,
olhando em volta ou escrevendo
algo. Com isso.

Pare de fazer coisas que você não quer fazer.
Uma comunicação clara é fundamental para isso.
Consequentemente você deixará de desempenhar
papéis que não servem mais ao seu bem-estar. Assim
você passará a ser mais honesto consigo mesmo,
terá espaço para fazer novas escolhas e, lenta mas
certamente, começará a se sentir melhor.

Tudo acontece divinamente no momento certo.
Portanto, quando tudo é direcionado pelo destino,
tudo o que você precisa fazer é confiar. Quando
você está em uma situação onde a outra pessoa está
passando dos limites, e se você se sente forte naquele
momento, isso é *"seu tempo para agir com prudência"*
sirva a si mesmo e, portanto, à humanidade.
Como? *Confiando em sua intuição, apoiando-se em sua
base moral e perguntando por quê?* Com intenções
sinceras você começa a pedir pela verdadeira razão
do comportamento do outro. As respostas às vezes
dolorosas podem libertá-lo porque com elas você
aprende alguma coisa, e começa a perceber que
pode resolver sozinho. Também pode fazer justiça
simplesmente trazendo a verdade à tona. Então,
manter a calma e apenas continuar questionando por
que, vai superar todas as técnicas de manipulação e
te colocar de volta no controle de sua vida. Se você
domina a técnica do questionamento, o resultado
é que você tem controle total sobre a situação e
sente esse poder interior. Ao treinar o uso de sua
intuição mantendo sua base moral em vez de seguir
cegamente a matrix social em que vivemos, você
elevará sua vibração ao seu maior potencial. Imagine
como isso funciona quando as pessoas reconhecem
a vibração em si mesmas e nos outros e querem
isso. Com toda a humanidade na sua vibração mais
elevada, quebraremos o sistema. Imaginem esta

poderosa vibração do amor em todas as pessoas da terra de uma só vez. Isto é amor à humanidade em pleno vigor!

Vamos voltar ao início: se esta vida é um grande jogo, como termina? Assim como acontece com qualquer jogo, em algum momento ele termina porque alguém ganha ou porque os outros jogadores não querem mais participar ou jogar. É aí que acaba.

Então todos os papéis e regras do jogo param e continuamos com a ordem do dia. Os peões e o tabuleiro voltam para a caixa e são armazenados. Tudos os jogadores são iguais novamente. No fim, nunca se tratou de ganhar, e sim de participar, aprender as lições da vida, recuperar o scu poder divino e a soberania dada por Deus. Espero que, quando tudo acabar, você possa olhar para trás, para este período interessante e belo com confiança e se orgulhar de si mesmo pela sua participação na mudança da sociedade para o maior bem da humanidade e para o nosso propósito divino na Terra.

Você conseguiu mesmo assim!

"TENTE FAZER ISTO EM CASA"

Para encerrar este livreto educativo,
Deixo para você 2 sugestões
desafiadoras para sair da zona de
conforto e tornar o seu mundo um
lugar melhor:

"Ato de bondade"

Nós só podemos superar o Ego através do serviço.
Jogue o jogo da boa intenção.
Faça algo positivo para outra pessoa, apenas por
diversão.

"Um dia sem..."

Teste seus limites.
Viva um dia sem:
i.e.: café, cigarro, celular, sapatos, dormir. Pense em algo
que te satisfaça e fique sem por um dia.

Obrigado!

Gostaria de agradecer a todos os que me apoiaram neste processo. Um agradecimento especial por me dar mais clareza sobre a direção da minha escrita. Para Tess , Aubrey, Sahifa, Wouter, e a Lily por estar incondicionalmente ao meu lado.

Escrevi esta história por amor aos meus filhos

Ninguém sabe o quanto vocês são amados

Teste, teste; ria sozinho.

Fique em frente a um espelho
e olhe em seus olhos
e diga em voz alta:
“Ninguém me
ama!”
e veja o que acontece...

Para os corajosos entre nós:

"UM ATO DE BONDADE"

Comece um movimento local sozinho ou com seus amigos e traga sorrisos para seu mundo!
Desempenhe o papel de "Ninguém"
Do que você vai precisar: uma camiseta amarela, um nariz de palhaço.

O que você tem que fazer:

Vista-se, sente-se em um lugar qualquer em público e:

- Pratique a arte de não fazer nada.
- Ou entreviste outras pessoas sobre coisas divertidas de suas vidas.
- Ou apenas pergunte a alguém novo no grupo:
Como posso te ajudar?

A vida é dar e receber.
Um ato de bondade ou uma boa ação foram esquecidos há muito tempo.

Ser um "ninguém" por um momento é suficiente para mudar a atmosfera em qualquer situação em que você se encontre.

Isso traz um sorriso para
as pessoas ao seu redor.
I-)

UHUL NINGUÉM NASCEU!

Se você quer saber como esse lindo bebê vai crescer e se comportar neste mundo, dê uma olhada em nosso site.
Talvez você encontre algo divertido que ressoe em você.

Blog e Vlog onde pode haver trocas entre os admiradores desta história:

Ninguém quer ser famoso, onde outros podem postar fotos engraçadas ou vídeos curtos para competir pelo

"Prêmio Ninguém do ano!"

Desenvolvemos ideias como:

Ninguém é um Ato de Bondade

O blog onde as histórias de outras pessoas podem ser postadas.
e, claro, uma pergunta importante que Ninguém faz...

Quem é a Sra. Ninguém?

Também gravo podcasts com temas divertidos como:
- Ninguém fala consigo mesmo
- Ninguém é Vivo e Direto
- Ninguém se encontra...

basta nos visitar ou se tornar membro da sociedade
www.ninguemedivino.com

Da perspectiva da
felicidade, compartilhe
se este livro foi um
presente a você ou se você
o recebeu de graça,
por favor, faça-me um
pequeno favor para
movimentar as coisas.

Encontre o Mr. Nobody e deixe seu
comentário na Amazon
https://www.amazon.com / ~ / e / B0B5YNV1ZR

Você também pode nos
encontrar em:
Apple Books, Google Play e muitos mais.

Página de Definições

Arconte =
No Gnosticismo, os arcontes (do grego arkhon, "magistrado"[1]) eram seres malévolos e sádicos que controlavam o mundo, bem como muitos dos pensamentos, sentimentos e ações dos seres humanos. Eles ajudaram seu mestre, o demiurgo, na criação do mundo, e continuaram a ajudá-lo na administração de seu governo opressivo.

Demiurgo =
Na escola platônica de filosofia, o Demiurgo é uma divindade que molda o mundo físico à luz das ideias eternas. No Timeu, Platão credita ao Demiurgo a obtenção de materiais preexistentes do caos e a sua organização de acordo com os modelos das formas eternas.

Ego =
O Ego é a autoestima ou o senso de autoimportância de uma pessoa. O Ego é a parte da mente que medeia entre o consciente e o inconsciente e é responsável por testar a realidade e pelo senso de identidade pessoal.

Moksha =
Moksha, um termo também chamado de vimoksha, vimukti e mukti, é usado no hinduísmo, budismo, jainismo e sikhismo para várias formas de emancipação, iluminação e libertação.

Lei da Natureza =
A lei da natureza é um sistema de leis baseado na observação atenta da natureza humana e em valores intrínsecos a esta que podem ser deduzidos e aplicados independentemente da lei positiva.

Reptilianos/Cinzentos =
Alguns especialistas em OVNIs acreditam que os alienígenas cinzentos eram uma raça escrava criada

pelos poderosos Reptilianos Draconianos. A função dos Cinzentos era colher a "energia negativa" de outras raças. É relatado que os Cinzentos se revoltaram e formaram pactos com governos humanos. Os Cinzentos são uma raça supostamente moribunda e precisam que os humanos continuem seu programa híbrido para prolongar a vida de sua raça.

Satori =
Satori significa a experiência do despertar ("iluminação") ou apreensão da verdadeira natureza da realidade.

Plexo Solar =
O plexo solar, também chamado de plexo celíaco, é um sistema complexo de nervos radiantes e gânglios. Encontra-se na boca do estômago, em frente à aorta. Faz parte do sistema nervoso simpático. Ele desempenha um papel importante no funcionamento do estômago, rins, fígado e glândulas suprarrenais.

Síndrome de Estocolmo =
A síndrome de Estocolmo é um mecanismo de enfrentamento de uma situação de sequestro ou abuso. As pessoas desenvolvem sentimentos positivos em relação aos seus sequestradores ou abusadores ao longo do tempo. Esta condição refere-se a situações como abuso infantil, abuso treinador atleta, relacionamento abusivo e tráfico sexual.

Wetiko =
Este termo nativo americano é usado para referir-se a um espírito canibal maligno que pode dominar a mente das pessoas, levando-as ao egoísmo, à ganância insaciável e ao consumo com fim em si mesmo, transformando de forma destrutiva a nossa habilidade criativa intrínseca contra a nossa própria humanidade.

Sobre o autor

Como estou vivendo minha vida?

Sou visto como um ser humano com uma experiência espiritual.

Estou aqui para provar do livre-arbítrio. Sei que sou filho do Criador, aprendendo a usar o meu status de soberano e a viver aproveitando o máximo do meu potencial. Como ser humano, nada ou ninguém me possui. Não tenho obrigações, nem dívidas, nem contratos contra a minha vontade.